Glückwunschgedichte zur Hochzeit

urania

Rolf Polander

Glückwunschgedichte zur Hochzeit

Zum Thema bei Urania:

Antje Dohrn
Witzige Solo-Sketche für die Hochzeit
ISBN 978-3-332-01906-3

Imke Ehlers
Hochzeitsreden
ISBN 978-3-332-01782-3

Dieter Kaspers
Lustige Sketche rund um die Ehe
ISBN 978-3-332-01710-6

Sigrid Liebelt
Neue Glückwünsche für die Hochzeit
ISBN 978-3-332-01708-3

Bellina Liebenow
Originelle Texte für die Hochzeitszeitung
ISBN 978-3-332-01603-1

Über den Autor:

Rolf Polander veröffentlichte Gedichte und Kurzgeschichten in Anthologien und Zeitschriften, übersetzte Lyrik, Kinderbücher und Sachbücher, schrieb einen Lebenshilfe-Ratgeber und für den Urania Verlag »Glückwunschgedichte zum Geburtstag«.

Bibliografische Information der Deutschen Bibliothek
Die Deutsche Bibliothek verzeichnet diese Publikation in der Deutschen Nationalbibliografie; detaillierte bibliografische Daten sind im Internet über http://dnb.ddb.de abrufbar

in der Verlag Kreuz GmbH
Postfach 80 06 69, 70506 Stuttgart

www.urania-verlag.de

Umschlaggestaltung: Behrend & Buchholz, Hamburg
Umschlagillustration und Illustrationen der Postkarten: Nina Chen, Pulheim
Satz: Roland Poferl Print-Design, Köln
Illustrationen auf den Seiten 16, 20, 25, 31, 61, 72: Archiv Roland Poferl
Druck: Westermann Druck Zwickau
Printed in Germany

ISBN 978-3-7831-6059-8

Inhalt

Hochzeitsmenü mit Einlagen

Vorwort

Liebe Leserin, lieber Leser,

eine Hochzeit wird meist in größerem Kreis gefeiert. Eine vielköpfige Festgesellschaft aber will unterhalten sein. Dazu eignet sich der Vortrag des einen oder anderen Gedichts besonders gut.
Die Hochzeit selbst ist immer eine Momentaufnahme aus einer längeren Geschichte. Davor steht eine Folge von Ereignissen, die dazu geführt haben, dass zwei von nun an ihren Weg gemeinsam gehen möchten und nach der Hochzeit – so wünscht es das Paar und mit ihm die Gäste – soll auch noch allerlei passieren.
All das ist Thema der hier versammelten Gedichte, denn neben den Glückwünschen an das Brautpaar bietet die Hochzeit natürlich auch Anlass für Betrachtungen über die Liebe und über die Institution Ehe. Wer von den Gästen den Weg zum Standesamt noch nicht gefunden hat, bedarf vielleicht gereimter Ermunterung, doch ebenso wird – mit einem Augenzwinkern – auch so manche Erfahrung aus dem Eheleben den Jungvermählten wie den Unentschlossenen mit auf den Weg gegeben. Mit ein wenig Geschick lässt sich der eine oder andere Gedichtvortrag sogar zu einem kleinen Sketch ausgestalten.
Neben Gedichten für den Festvortrag stehen solche, die man für persönliche Brief- und Kartengrüße verwenden kann, zum Beispiel die passend zu den beigegebenen Karten verfassten ab Seite 47.
Vorab bekommen Sie nützliche Tipps zum Vortragen von Gedichten, Beispiele wie man mit einer kleinen Vorrede das Brautpaar persönlich anspricht und Hinweise, wie man seinen Gedichtvortrag wirkungsvoll inszeniert.

Viel Spaß und Erfolg wünscht Ihnen

Rolf Polander

Einen Gedichtvortrag gestalten

Sich einfach vor sein Publikum zu stellen und den Text herunterzulesen genügt nicht! Was Sie beim Vortragen von Gedichten beachten sollten, erfahren Sie hier, außerdem wie Sie das Brautpaar mit einer kleinen Vorrede persönlich ansprechen und auch, was Sie darüber hinaus noch tun können, damit Ihr Gedichtvortrag ein voller Erfolg wird.

Wie man Gedichte spricht

Wenn Sie auf einem Fest ein Gedicht vortragen, möchten Sie Ihre Zuhörer fesseln und eine bestimmte Wirkung erzielen. Dazu genügt es nicht, das Gedicht ohne Versprecher fehlerfrei »aufzusagen«. Wichtiger, als es auswendig zu können (Sie dürfen es durchaus vom Blatt ablesen, nur sollten Sie Ihre Zuhörer dabei so oft wie möglich ansehen!), ist, dass die Struktur des Gedichts erkennbar wird und Ihr Vortrag eine rhythmische Spannung besitzt, damit Eintönigkeit vermieden wird. Dazu ein paar Tipps:

Fehlerfrei aufsagen ist nicht genug!

Ein wesentliches Ordnungsprinzip von konventionellen Versen, wie sie in den hier vorgestellten Gedichten verwendet werden, ist der Verstakt oder das Metrum. Als Verstakt bezeichnet man die regelmäßige Abfolge betonter und unbetonter Silben im Vers. Wenn nun beim Vortrag der Sprechrhythmus dem Verstakt genau folgt, das heißt, wenn alle betonten Silben gleich stark und alle unbetonten Silben gleich schwach betont werden, wenn dazu noch die Längen der Silben eines Taktes in allen Versen einander genau entsprechen, dann entsteht das gefürchtete »Leiern«.

Das Spannungsverhältnis von Takt und Rhythmus

Beim Vortrag in lebendigem Rhythmus erfährt – immer im Rahmen des Verstakts – die Betonung der Hebungen wie der Senkungen Abstufungen; es variieren auch das In-die-Länge-Ziehen und Zusammendrängen von Passagen sowie das Setzen und die Länge der Sprechpausen, auch die Pausen an den Enden der Verse werden unterschiedlich lang sein.

Wesentlich für die Wirkung, die von Ihrem Vortrag ausgeht, ist auch sein Stil. Er kann vom leichten Plauderton bis zu wuchtigem Pathos reichen.

Testen Sie die Wirkung vorab!

Wie Sie nun alle diese Stilmittel in dem Gedicht, das Sie vortragen möchten, einsetzen, sollten Sie auf jeden Fall vorher ausprobieren, und zwar zunächst für sich selbst durch mehrmaliges lautes Lesen. Vielleicht können Sie die Wirkung zusätzlich noch testen, indem Sie das Gedicht jemandem vorlesen, den Sie um sein Urteil bitten.

Werden Sie ruhig mal persönlich!

Jeder weiß, dass ein lapidares »Morjen«, »Tach« oder »n'Abend« nicht gerade der Gipfel der Höflichkeit ist. Netter ist es da, die Menschen, die man grüßt, mit ihren Namen anzusprechen.

Diese Regel gilt natürlich auch für das »Andichten«. Doch kann es auch Gründe geben, die es ratsam erscheinen lassen, von der Regel abzuweichen. Gedichte, in die die Namen der angesprochenen Personen bereits »eingebaut« sind, müssten Sie erst einmal passend machen, bevor Sie sie verwenden können. Das mag bei einem Geburtstagsgedicht, in dem nur ein Name vorkommt, noch zu leisten sein: Man muss die Silbenanzahl und das Metrum beachten und kann einen Namen – eventuell unter Weglassung oder Hinzufügung von Füllwörtern – austauschen. Doch auch dies geht nur, wenn der Name nicht am Ende eines Verses als Reimwort steht. Ungleich größer wären die Schwierigkeiten bei Hochzeitsgedichten, bei denen wir es ja immer mit zwei Namen zu tun haben. Aus diesem Grund habe ich in den hier vorgestellten Gedichten durchweg auf die Namensanrede verzichtet und benutze stattdessen das neutrale »Liebes Brautpaar« oder ähnliche Formulierungen.

Namen ersetzen ist nicht so einfach!

Möchten Sie »Ihr« Brautpaar aber mit Namen ansprechen, können Sie das in einer kleinen Vorrede zu Ihrem Gedicht tun. Ganz neutral und zu vielen Gedichten passend, kann das wie folgt lauten:

Die persönliche Anrede in der Vorrede

> *Liebe Susi, lieber Thorsten, ich wünsche euch alles Gute für den gemeinsamen Weg und habe euch ein Gedicht mitgebracht, das ich euch jetzt gern vorlesen möchte.*

Soll die Vorrede zum Gedicht passen, könnte man sich zum Beispiel zu »Über den Nutzen eines Rings« (Seite 32) folgenden Text denken:

> *Lieber Kai, heute Morgen in der Kirche hat deine Inge dir einen Ring angesteckt, und ich bin mir gar nicht sicher, ob dir klar ist, warum und wozu sie das getan hat. Aber damit du nicht länger darüber im Dunklen bleibst, will ich dir jetzt einmal verraten, was sie damit eigentlich bezweckt.*

So lässt sich die persönliche Ansprache von Braut und Bräutigam damit verbinden, die Zuhörer schon ein wenig auf das Gedicht, das folgen soll, neugierig zu machen, und gleichzeitig setzt man auf diese Weise seinen Inhalt zum Brautpaar in Beziehung.

Die Inszenierung des Vortrags

Um ein Gedicht vorzutragen, können Sie sich einfach von Ihrem Platz erheben, um Ruhe bitten und mit Ihrem Vortrag beginnen. Besser wird es sein, einen zentralen Platz im Saal aufzusuchen und von dort aus zu sprechen. Da Ihr Gedicht sich an das Brautpaar richtet, sollten Sie sich diesem natürlich immer zuwenden.

Auftritt in Verkleidung

Bei Rollengedichten kann der Vortragende seinen Platz vorher unauffällig verlassen und dann den Saal – eventuell in einer passenden Verkleidung – neu betreten. So könnten Sie zum Beispiel zum Vortrag des Gedichts »Männertreue« (Seite 66) in einer alten geflickten Jacke erscheinen oder zur »Urteilsverkündung« (Seite 73) Talar und Barett anlegen und sich von zwei stummen Beisitzern begleiten lassen, oder aber zwei mit Schirmmützen und Uniformjacken ausgestattete Helfer nehmen während des Vortrags als Justizbeamte rechts und links vom Brautpaar Aufstellung.

Um für Ihren Auftritt rasch die notwendige Ruhe und Aufmerksamkeit herzustellen, kann eine Ansage nützlich sein. Oft gibt es bei größeren Festen eine Person, die es übernimmt Festbeiträge anzukündigen. Mit ihr sollten Sie auch den Zeitpunkt Ihres Vortrags absprechen.

Ein Gag schafft Aufmerksamkeit!

Sicher wird es Ihnen nicht schwerfallen, sich für die Inszenierung »Ihres« Gedichts einen kleinen Gag einfallen zu lassen. Das muss nicht immer eine Verkleidung sein. Manchmal genügt ein witziger Gegenstand. Kommen Sie zum Beispiel mit einem Röntgenbild nach vorne, betrachten Sie es nachdenklich durch eine Lampe und beginnen Sie mit »Die verlorene Rippe« (Seite 18).

Eins und eins macht zwei

In diesem Kapitel wird den zweien, die miteinander Hochzeit halten, nicht nur gratuliert, es wird auch darüber nachgedacht, wie sie wohl zusammengekommen sind und wie es überhaupt funktioniert, dass aus zwei einzelnen Menschen ein Paar wird.

Es fing ja so harmlos an!

Wie Mann zu einer Frau kommt und umgekehrt

Es kann unvorsichtig sein,
lässt auf ein Gespräch sich ein
eine Dame mit 'nem Herrn.
Später werden beide schwör'n,
dass im Traum sie nicht gedacht,
was das Schicksal draus gemacht.

• •

Es gibt einen kleinen Bengel,
der schwirrt überall herum,
Flügel hat er, doch ein Engel
ist noch lang er nicht darum.

Er trägt ständig Pfeil und Bogen
und ist immer auf der Pirsch,
und wenn du einmal nicht achtgibst,
wirst erlegt du wie ein Hirsch.

• •

Denkst du manchmal noch daran?
Es fing ja so harmlos an!
Er ist um dich rumgeschlichen.
Erst bist du ihm ausgewichen,
doch das warst nach kurzer Zeit
du schon irgendwie dann leid.
Hätt' dir damals schon geschwant,
was der Bursche mit dir plant,
hätt'st du dich ja vorgesehen,
aber so ist es geschehen.

Heut sind sie ein Ehepaar!

Will dir schon die Hoffnung schwinden,
einen Gatten je zu finden,
dann befolge diesen Rat:
Gib doch mal ein Inserat
für die Lebenswegbegleitung
auf in einer Tageszeitung.

Alle, die sich dann bewerben,
die Verweichlichten und Herben,
guckste dir in Ruhe an,
und ist dann an ein'm was dran,
dann probier mit ihm dein Glück! –
Klappt's nicht, gibst du ihn zurück!

• •

Manchmal führt auch 'ne Verfehlung
doch noch glücklich zur Vermählung.

• •

Ja, der Mann ist oft sehr träge
und er scheut die langen Wege.
Doch da gibt's ja in der Firma
im Büro das Fräulein Irma
nur zwei Zimmer neben ihm,
dort zieht es ihn öfter hin.
Er fragt mutig in der Pause:
»Machen wir zwei mal 'ne Sause?«
Erst ins Kino, dann zum Essen
gingen sie, ich hab vergessen,
ob er sie nach Haus gebracht
und was weiter sie gemacht.
Jedenfalls, und das ist wahr,
sind sie heut ein Ehepaar.

Einstimmung auf die Hochzeitsfeier

Es ist wohl jedem Menschen klar:
Geburtstag hat man jedes Jahr.
Man kann ihn feiern, es auch lassen,
und wird nicht viel dabei verpassen.

Dagegen darf die Regel gelten:
Die Hochzeit hält man eher selten.
Weshalb man für das Hochzeitsfest
auch gerne etwas springen lässt!

Und deshalb gilt: Wenn sich wer paart,
dann wird auf keinen Fall gespart!
Man nehme niemals nur den Kleinsten
und alles nur vom Allerfeinsten!

Drum sei es auch der Gäste Streben,
sich ordentlich ins Zeug zu legen.
Betreibt das Essen wie das Trinken
so eifrig, als ob Preise winken!

Die Regel »Groß und viel und gut!
Egal, was es auch kosten tut!«,
die gilt, o lieber Gast, bedenke
natürlich auch für die Geschenke!

Ist eine Sache dir zu – schwer,
dann schick sie durch den Speditör!
Denn nach so einer schönen Feier
kommt sowieso der Pleitegeier!

Glückwunschvariationen

Wir wünschen heut dem Hochzeitspaar
ein langes, gutes Leben.
Mög' es für beide immerdar
nur schöne Stunden geben.

••

Ich sehe überall 'ne Menge Leute,
die wünschen Glück euch beiden heute.
Ja, sind die Menschen alle blind?
Ich schaue euch nur an und find:
Ihr haltet längst das Glück im Arm
und sage bloß noch: Haltet's warm!

••

Lebt stets gut in Saus und Braus.
Voller Kinder sei das Haus.
Langes Leben, Harmonie,
aber Langeweile nie.
Sorgen nur in kleinen Dosen.
Treue trotz Metamorphosen.
Geld genug stets und noch mehr.
Alles das wünsch ich euch sehr!

••

Zur Hochzeit euch beiden das Beste,
das wünschen euch eure Gäste.

••

Die verlorene Rippe

Der Mann an sich ist unvollkommen,*
denn einst wurd ihm was weggenommen.
Zwar pränatal und prähistorisch,
doch ist ein Trauma draus entstunden,
das er bis heute nicht verwunden.
Seitdem sucht er ganz kategorisch
nach seiner Rippe, und er meint,
er sei erst wieder ganz komplett,
wenn er sich neu mit ihr vereint.

Und findet er dann, was vermisst
so lange Zeit gewesen ist,
kann er sie oft nicht gleich erkennen.
Er fasst sie an – wie wunderbar –,
der alte Knochen ist sogar,
was ihn von früher unterscheidet,
mit Fleisch und Haut neu eingekleidet.
Dem Mann gefällt sein Rippchen sehr
viel besser jetzt als wie vorher!

** Bei diesem Vortrag (den ein Mann halten sollte) kann es eventuell nötig sein, schon nach dem ersten Vers innezuhalten und die Reaktion des Publikums abzuwarten. Man darf sicher damit rechnen, dass die weibliche Zuhörerschaft es selten schaffen wird, an dieser Stelle zustimmende Kommentare zu unterdrücken.*
Bevor der Redner dann fortfährt, könnte er etwa sagen: »Danke, meine Damen, ich mache hier immer eine kleine Pause, damit Sie Ihrem Herzen Luft machen können.«
Sollte das kleine Intermezzo länger dauern, empfiehlt es sich den ersten Vers noch einmal zu sprechen und – diesmal ohne Pause – mit dem zweiten fortzufahren.

Warum?

Was zog sie zu ihm hin, was ihn zu ihr?
War es das Werk geheimnisvoller Kräfte?
War es die Logik nur der Körpersäfte?
Was machte aus den beiden Ichs ein Wir?

Wer war hier die Instanz, die sprach: »Verweile
bei diesem Menschen« – ausgerechnet dem –
»und lass die anderen vorübergeh'n!«?
Der Kopf? Das Herz? Gar andre Körperteile?

Hatt' hier der kleine Gott mit seinem Pfeil
die Hand im Spiel? Ist solche Sympathie
ein Zufall nur, hat an der Harmonie
am Ende auch Bequemlichkeit ihr Teil?

Man nehme, was sich nicht erklären lässt,
als ein Geschenk und halt es fest.

Über das Brauttragen I

Ist man erst mal frisch getraut,
soll der Bräutigam die Braut
tragen über jene Stelle,
wo die Tür hat ihre Schwelle.

Aber manchmal ist die Braut
viel zu gut dafür gebaut
und der Mann dazu zu schwach,
dann fällt diese Übung flach.

Kettenglieder

Es sind eure Hochzeitsringe
zwei geheimnisvolle Dinge,
und nicht einfach Ringe nur,
da bist du auf falscher Spur!

Es sind Glieder einer Kette,
damit hast du diese nette
Frau, die endlich du gefunden,
fest an dir jetzt angebunden,

dass sie nicht mehr fortgeh'n sollte,
selbst, wenn sie es einmal wollte.
Ja, nun muss sie bei dir bleiben
und dir deine Zeit vertreiben:

Kocht Kaffee dir, schmiert dir Stullen
und fängt an, dich einzulullen.
Ausgesprochen angenehm
ist das und auch sehr bequem.

So sitzt glücklich du im Sessel ...
Plötzlich spürst du eine Fessel.
Hast du hier denn falsch gewettet?
Bist ja selber angekettet!

Ein überflüssiger Glückwunsch

Als ich hergekommen bin,
hatte ich in meinem Sinn,
könnte sein, ihr beiden bräuchtet
etwas Glück noch für den Weg,
den ihr nun gemeinsam geht.
Dieser Glückwunsch ist jetzt dran!
Doch seh ich euch beide an,
wie's aus euren Augen leuchtet,
stocke ich und muss mich fragen:
Soll dem Glück ich Glück antragen?
Darf dem Glück, das aus euch spricht,
meinen Glückwunsch ich gesellen,
meines Wunsches kleines Licht?

Trotzdem wünsch ich Glück euch auch,
recht von Herzen und weil's Brauch;
nötig habt den Wunsch ihr nicht!

Ein Zauberwort

Einer ist ein Wanderer,
fremd an jedem Ort,
bis einmal ein anderer
sagt: »Geh nicht mehr fort!«

Zwei sind eine Welt für sich,
überall zu Haus.
Ob allein, ob du und ich,
macht 'ne Menge aus!

Verschiedene Perspektiven

Wenn zwei sich miteinander trauen,
dann kommen her von nah und weit,
um sich das Brautpaar anzuschauen,
die Menschen einzeln und zu zweit.

Die einen treibt der Neid zum Fest,
und Schadenfreude spürt der Rest.

Das Wir

Du und du seid jetzt ein Wir,
das ist ein besond're Tier.

Hat zwei Köpfe und vier Beine,
manchmal laufen zwei alleine
schon voraus, doch hinterdrein
kommt noch einmal Bein und Bein.

Dieses Tier braucht zwei Paar Strümpfe
und zum Laufen zwei Paar Schuhe,
auch für seine beiden Rümpfe
Kleidungsstücke, jeweils zwei.

Doch *ein* Vorteil ist dabei:
Legt es sich des Nachts zur Ruhe
oder auch zu anderm Zwecke
nieder, braucht's nur eine Decke!

Alles nicht so schlimm!

Ja, mit allem Drum und Dran
kriegt die Frau jetzt ihren Mann
zuerkannt. Es wird bescheinigt,
dass sich beide heut vereinigt.

Und auf einem Stück Papier
steht nun: »Du gehörst nur mir,
ganz alleine und ausschließlich!«
– Ach, nun guck nicht so verdrießlich! –

Dass man heute dich verbandelt,
ist gescheh'n, nicht mehr verhandelt
wird es, nimm es einfach hin.
Es ist wirklich nicht so schlimm.

Und am End, was gilt die Wett,
wird's sogar noch richtig nett!

Über das Brauttragen II

Lässt der Bräutigam vor allen
Gästen seine Braut mal fallen,
fühlt sogleich er Reue.

Nicht nur, dass sie böse schaut,
für 'ne eingedellte Braut
kriegt er auch keine neue!

Bräute sind – jetzt nicht gekichert –
nämlich nicht versichert!

Mit Zertifikat

Wollt ich euch mit schönen Worten
das Eheleben schmackhaft machen,
dann wäre ich sehr schnell blamiert.
Ihr würdet nur darüber lachen,
denn längst habt ihr es ausprobiert.

Ihr habt die Sache Jahr für Jahr
getestet, dann war es euch klar,
dass das Zusammenleben klappt.
Nun seid zur Ehe ihr bereit,
kriegt für geprüfte Zweisamkeit
der Ehe Siegel aufgepappt.

Nehmt dieses Siegel als Verpflichtung,
vertragt euch weiterhin so gut
und haltet stets bei der Verrichtung
von dem, was ihr gemeinsam tut,
ob mit, ob ohne Publico,
ein hohes Qualitätsniveau!

Ewigkeiten en gros

Ja, so manches Hochzeitspaar
will auf ewig gern sich binden.
Und darunter sind sogar

welche, die es schon zum zweiten
oder dritten Male tun.
Gibt's so viele Ewigkeiten?

Schluck, schluck! Schluck, schluck!

Dreifacher Trinkspruch

Mal hergehört – ich sag es laut –,
wir trinken jetzt alle ein Glas auf die Braut.
Stoßt mit mir an und seid nicht bange.
Sie lebe hoch und gut und lange!

(Schluck, schluck!)

Auf einem Bein, wie ihr wohl wisst,
das Stehen nicht ganz sicher ist ...

Und weil nun einmal gebrochen der Damm,
ein Glas noch auf den Bräutigam.
Er soll genießen das Glück an der Seite
der Gattin, die er geehelicht heute.

(Schluck, schluck!)

Zum Schluss, bevor ich wieder gehe
an meinen Platz: Ein Glas auf die Ehe!
Die eure soll bei Regenschauern
und Sonnenschein recht lange dauern!

(Schluck, schluck!)

Schleifen aus Worten

Die Geschenke für das Paar
sind recht hübsch verpackt.
Doch die Worte drum herum
bleiben manchmal nackt.

Drum will meinen Glückwunsch ich
für euch schön verzieren
und zum Feste euch sogar
Reime fabrizieren.

Hochzeitssonett

Ich wollte euch zur Hochzeit ein Gedicht
zusammenreimen, und da dacht ich mir:
Ich schreibe erst einmal der Verse vier,
und wusste dann danach tatsächlich nicht,

wie sollte ich auf eine läng're Sicht
das Metrum, mit dem ich euch gratulier
bloß halten, ohne dass ich mich blamier,
denn darauf bin ich wirklich nicht erpicht.

Dass das Gedicht auch seinen Sinn erfüllt,
musst' noch ein guter Wunsch für euch hinein,
denn sonst da wäre es nicht ganz komplett.

Es gilt von Herzen dies Gedicht euch zwei'n.
Erkennt ihr das Kostüm, in das sich's hüllt?
Zu eurer Hochzeit kam es als Sonett!

Metamorphosen

Es haben Bräutigame
stets eine Bräuti-Dame,
man nennt sie kurz auch Braut.
Doch kaum sind sie getraut,
dann ist der Bräutigam
ganz plötzlich Ehemann
und seine Braut wird Gattin.
Kommt dann einmal die Zeit
– mal nur als Möglichkeit –,
dass sie hat gründlich satt ihn,
dann ändert das noch nix,
sie bleibt erst mal Frau X!

Über das Brauttragen III

Nein, du bist mir nicht zu schwer,
denn ich trag dich wirklich gerne,
und zwar sowohl hin und her
als auch in die weite Ferne.
Will nicht wanken und nicht beben,
trage dich durchs ganze Leben.

Eines allerdings: Ich fände
besser, wenn du beide Hände
fest verschränkt mir um den Hals
legtest für den Fall des Falls,
denn dann hätt' ich – ach verzeih –
eine Hand fürs Bierglas frei.

Macht etwas daraus!

Glückwünsche mit Qualitätskontrolle

Wir gratulieren Bräutigam und Braut
zu ihrer Trauung intensiv und laut,
und dass Fortuna eine Riesenmasse
von Glück auf euch herunterregnen lasse.

Doch woll'n wir nicht, dass all das Glück versiegt,
das heute ihr mit unsern Wünschen kriegt.
Dass dieses Glück euch niemals gehe aus,
woll'n wir euch bitten: Macht etwas daraus!

Dies werden wir – das darf euch nicht genieren –
nach einer Weile dann auch kontrollieren.
Und deshalb haltet immer euch bereit,
wir senden euch dann zu gegeb'ner Zeit,

und zwar nach fünfundzwanzig Jahren schon,
die Silberhochzeitsprüfungskommission,
die wird euch dann genauestens befragen,
wie ihr euch in der Zwischenzeit betragen.

Wenn wir dann hören, ihr kamt gut zusammen aus,
ihr hattet äußerst selten einmal Streit im Haus,
und niemals reute euch, die heut getroff'ne Wahl,
dann gratulieren wir von Herzen noch einmal!

An das Brautpaar

Für euch beide wünsch vom Glück
ich ein ziemlich großes Stück.
Doch versteht ihr nicht die Kunst,
es zu seh'n, wär das umsunst!

Glück läuft euch nicht hinterher,
nein, ihr müsst das Glück vielmehr
suchen, doch sucht nicht zu weit,
und seid stets dafür bereit!

Um das Glück nicht zu verpennen,
müsst ihr's, wenn es kommt, erkennen.
Findet einer es im andern,
wird es nicht mehr weiterwandern,

bei euch bleiben alle Zeit,
bis kurz nach der Ewigkeit.

Reisebegleitung

Es kann für die Reise durchs Leben
für keinen was Schöneres geben,
als einen, der mit ihm fährt,
solange die Reise währt.

Astrologeleien

Auf der Suche nach dem Partner
manchen schnell der Zweifel plagt:
»Ist die Wahl, die ich hier treffe,
nicht am Ende zu gewagt?«

Doch anstatt sich anzuschauen
die Person, um die es geht,
prüft man alle Himmelszeichen,
ob dort was darüber steht.

Und man blättert im Kalender,
denn der kann es sicher sagen.
Dort steht auf der Seite siebzehn,
wie die Zeichen sich vertragen.

Ob die Jungfrau mit dem Löwen
oder lieber mit dem Stier
eine Ehe eingeh'n sollte,
alles das erfahr'n wir hier.

Hat man gründlich nachgelesen,
was verbindet und was trennt,
bleibt am Ende noch die Frage:
»Welches ist mein Aszendent?«

Spart euch diese ganze Mühe,
weil sie wirklich sich nicht lohnt.
Wer das Glück sucht in den Sternen,
guckt am Ende in den Mond!

Weißt du nicht, ob mit 'nem Partner
es so läuft, wie du gedacht,
dann musst du es ausprobieren,
das ist's, was dich klüger macht!

Also frage nicht die Sterne,
denn nicht durch Astrologie
lernst du jemand gründlich kennen,
sondern nur durch Empirie!

Über das Brauttragen IV

Wenn laut der Bräutigam schon stöhnt,
weil er erhitzt
und auch, das Tragen nicht gewöhnt,
jetzt ziemlich schwitzt
und dabei glaubt, er macht gleich schlapp,
sag ich nur knapp:
»Mensch, setz sie ab!«

Über den Nutzen eines Rings

Ein Vogel, der beringt
und dem es doch gelingt,
vom Neste fortzufliegen,
den wird man wieder kriegen!

Entfernt er sich mal leise,
fliegt auf Entdeckungsreise,
sieht er vielleicht was Schönes
und denkt sich gleich: »Ich nehm es

am besten, wie es kommt.
Wer weiß, wozu's mir frommt!«,
ruft wie ein hochgelehrtes Haus:
»Variatio delectat*!« aus

und setzt sich dann ermattet,
obwohl das nicht gestattet,
auf fremdem Aste nieder
und putzt sich sein Gefieder.

Denn dort gibt's Vogeldamen,
die fallen aus dem Rahmen,
sind bunt und sehr exotisch,
das findet er erotisch.

Er möcht mal eine zausen,
doch diese dummen Flausen
vertreibt die Dame ihm.
Sagt: »So was ist nicht drin,

* Abwechslung erfreut.

denn du bist ja beringt!«
Und seine Stimmung sinkt.
Sie zeigt die rote Karte
und ruft die Vogelwarte.

Die kommen, ihn mit Netzen
zu fangen und zu hetzen.
Da fliegt er lieber schnell
nach Hause auf der Stell'.

Allein das Ergebnis zählt

Der Weg vom ersten Kuss
zum Standesamtsbeschluss
ist manchmal lang und manchmal kurz.
Für das Ergebnis ist das schnurz!

Gereimtes Glück

Dem Brautpaar gute Wünsche bringen,
sie vorzutragen, vorzusingen,
das ist auf jeder Hochzeit Brauch.
Und ich verrate euch nun auch:
»Das Glück, das heut euch hier vereint,
das hält viel besser, wenn sich's reimt!«

Änderung der Rechtsform

Ihr lebt zusammen schon seit langer Zeit
und habt zur Hochzeit heute eingeladen.
Ihr wisst, ich bin zum Feiern stets bereit,
denn eine Feier kann ja niemals schaden.

Ein anderer versteht vielleicht nicht recht,
was ihr euch von der Hochzeit noch versprecht.
Weil ihr das meiste schon vorweggenommen,
mag er dann glauben, mehr kann nicht mehr kommen.

Doch grade weil bis jetzt kooperieren
so gut gelang, wollt ihr ja fusionieren!
Und die Gemeinsamkeit an Tisch und Bett,
bekommt nicht nur ein neues Etikett.

Die Partnerschaft, ihr werdet's sicher schon
bald merken, kriegt 'ne neue Dimension.
Ihr liebtet euch ja längst schon ohne Grenzen,
das hat juristisch nun auch Konsequenzen.

Ihr habt bisher einander stets vertraut
und immer einer auf den anderen gebaut.
Jetzt durch die Ehe, wie ihr sicher wisst,
dürft ihr es nicht nur wie bisher, ihr müsst.

Das ist nicht schwer, wenn man es frohgemut,
so wie ihr beiden, und auch gerne tut.
Die besten Wünsche will ich heut euch bringen,
mög' eure Ehe und dies Fest gelingen!

Verwandlung

Ach, ist es denn wirklich wahr?
Grad noch Bräutigam und Braut –
eh' man einmal aufgeschaut,
seid ihr jetzt ein Ehepaar.

Ist die Jugend nun vorbei?
Fordern Pflichten jetzt Tribut,
wird die Ehe gar zur Bürde?

Seid nicht bange, denkt dabei,
dass ihr heut die erste Hürde
habt mit Eleganz genommen.
Klar! Es wird noch manches kommen!
Packt es an mit frischem Mut,
steht zusammen, dann wird's gut!

Über das Brauttragen V

Das Schwellenüberqueren
mit übermäßig schweren
Bräuten zu umgehen,
lass man sie davor stehen,
und selber drüber laufen,
dann kommt man nicht ins Schnaufen.

Lob der Zweisamkeit

Dies junge Paar hier möcht zu zweit
durchs Leben gehen gleich ab heut.
Darum sing ich, ihr lieben Leut,
euch jetzt das Lob der Zweisamkeit.

Seht euch nur um in der Natur,
da trifft man vieles paarweis' nur.
Und woher kommt dies Phänomen?
Weil Zweisamkeit so angenehm!

Ein Blatt am Baum, bleibt es für sich,
das langweilt sich ganz fürchterlich.
Kann es sich zu 'nem zweiten dreh'n,
merkt's: Zweisamkeit ist angenehm!

Es bau'n zwei Vögel sich ein Nest,
weil sich's darin gut leben lässt,
zum Brüten und auch außerdem ...
Denn Zweisamkeit ist angenehm.

Denkt mal an Vater Adam gar.
Der kam alleine gar nicht klar,
konnt' sich noch nicht mal 'n Apfel neh'm.
Ja, Zweisamkeit ist angenehm.

Wer einsam an der Theke lehnt,
derweil die Uhr die Stunden dehnt,
will quatschen und weiß nicht, mit wem.
Ja, Zweisamkeit wär angenehm.

Zweisamkeit ist angenehm!

Wer *einen* Schuh sich kauft, wird seh'n:
Ist das Modell auch noch so schön,
bleibt doch das Laufen unbequem
und wird mit zwei'n erst angenehm.

Und die Vermehrung, hört nur her,
die ist alleine ziemlich schwer.
Zu zweit macht es dann kein Problem.
Ja, Zweisamkeit ist angenehm.

Lebt man voll Harmonie zu zweit
und hat mal einer Lust auf Streit,
dann weiß er wenigstens mit wem.
Ja, Zweisamkeit ist angenehm!

In Afrika in der Savanne
sind glücklich mit dem Löwenmanne
zwei Löwendamen oder mehr ...,
doch das gehört jetzt nicht hierher!

Heute ist es viel bequemer!

Minnewerbung

Früher schaute von der Zinne,
ob wer käme und sie minne,
eine Jungfrau Tag für Tag,
weil sehr viel ihr daran lag.

Und sie schmückte sich mit bunten
Bändern oben und auch unten,
dass die Ritter durchs Visier
sehen konnten, sie ist hier.

Kamen mehrere vorbei,
gab es eine Keilerei.
Schwerter klirren, Lanzen splittern
und die Jungfrau kriegt das Zittern:

»Wird, wenn die's so weitertreiben,
einer für mich übrig bleiben?«
Dann kriegt sie mit viel Trara
ein lädiertes Exemplar,

pflegt ihm, weil er ganz zerschunden,
voller Sorgfalt seine Wunden
so lang, bis er wieder stehen
und zum Traualtar kann gehen.

Heut für Männer viel bequemer
und auch weitaus angenehmer
ist das Werben, und die Frauen
brauchen sich nur umzuschauen,

kriegen dann, was sie begehrt',
meistens gänzlich unversehrt.

Alles offen!

Heiraten ist wunderschön,
und ich kann es nicht versteh'n,
dass ein Mädchen sich geniert
und sich mehr als nötig ziert.

Bei der Hochzeit kriegt 'nen Mann
eine Frau und soll sodann
diesem Manne angehören,
doch das darf nicht weiter stören,

denn dann ist noch nicht bekannt,
wer behält die Oberhand,
und es kann die Frau durchaus
später sein der Herr im Haus.

Über das Brauttragen VI

Bräute schleppen
über Flure oder Treppen
tun nur Deppen.

Auf die Schnelle
über die Schwelle
und dann munter
wieder runter!

Ein Glückwunsch von der Hochzeitstorte

Zwar bin ich Gift für jeden Zahn,
denn zuckersüße Worte
steh'n auf dem Herz aus Marzipan,
das mich, die Hochzeitstorte,
bekrönt, und Wunderkerzen,
die stecken mir im Herzen
und sprühen Funken hell und heiß –
jedoch nur kurz, wie jeder weiß.

Die heute in die Ehe rennen,
soll'n länger füreinander brennen.

Ein Junggeselle gratuliert

Ich bin – wie jeder hier im Saale weiß –
ein eingefleischter Junggeselle
und würde weder Kopf noch Steiß
jemals bewegen über jene Schwelle,
die zum Altar und dann zur Ehe führt.

Und doch wünsch ich dem Brautpaar heute Glück,
denn jeder findet es an andrer Stelle.
Ergreift es, dort wo er es hat erspürt,
hält's fest und gibt es nicht zurück!

Nehmt euch ein Beispiel!

Aufforderung

Vor uns Bräutigam und Braut
haben beide sich getraut!

Jene, die sich noch nicht trauen,
jemand näher anzuschauen,
sollten sich nicht einsam grämen,
sondern sich ein Beispiel nehmen.

Ist das Leben dir zu trist,
weil du noch alleine bist,
und das Herz du in der Brust
stets verbirgst, weil sein Verlust
dir ganz unersetzlich scheint,
bist du selbst dein ärgster Feind.

Denn wer immer nur Bedenken
trägt, nur ja nichts zu verschenken,
der darf – sind wir mal ganz offen –
auch auf ein Geschenk nicht hoffen.

Wartet nicht auf bess're Zeit
und nutzt die Gelegenheit
– ganz egal, ob Frau, ob Mann –
schaut euch um und fangt gleich an!

Alles nur Berechnung

Wenn man zueinander findet
und dann eine Ehe gründet,
hat das erst mal nur den Zweck:
Keiner will vom andern weg.

Dazu braucht man einen Ort,
und so fährt man weiter fort,
eine Wohnung einzurichten,
sie mit dunklen oder lichten

Möbeln, Teppichen, Gardinen
– Letztere mit Messingschienen –
ganz nach Gusto auszustatten,
bis man merkt: Was wir mal hatten,

ist verbraucht, die Minuszeichen
woll'n nicht mehr vom Konto weichen.
Hier, ich will es nicht verhehlen,
wär Berechnung zu empfehlen.

Was in der Liebe manchen stört,
ist in der Ehe nicht verkehrt!

Über das Streiten

Ich wünsche heut dem Hochzeitspaar
ein schönes erstes Ehejahr.
Sie mögen auch im zweiten
nur Freude sich bereiten,
anstatt dass sie sich streiten!

Denn darum muss ich bitten:
Streit gibt's erst ab dem dritten!
Übt gut in kleinen Schritten,
damit ihr gleich euch angewöhnt:
Nach jedem Streit wird wieder sich versöhnt!

Nur Mut!

Wer zur Ehe sich entschlossen,
schau nach vorne unverdrossen,
richte nie den Blick zurück,
denn die Zukunft bringt das Glück!

Über das Brauttragen VII

'ne schwere Braut zu tragen
ist schädlich für den Rücken.
Doch wird es meist nicht glücken
– und selten wird's wer wagen –
ganz einfach sie zu rollen,
denn das wird sie nicht wollen.

Diagnose: hoffnungslos

Waidwund mit Amors Pfeil im Herzen,
so flüchtet mancher in die Ehe.
Dort schwinden schnell die ärgsten Schmerzen,
doch dass geheilt nach Hause gehe,
darauf darf er so bald nicht hoffen,
denn wenn ich's recht verstanden habe:
Wen diese Krankheit hat getroffen,
der therapiert dran bis zum Grabe.

Im Ehehafen

Trifft ein Mann einmal ein Mädchen
auf der Straße, im Café
oder auch in einem Lädchen,
ist es wie auf hoher See.

Erst sieht er ein buntes Fähnchen,
fragt: »Was mag dahinter sein?«
Dann dreht bei das kesse Dämchen
und holt schnell die Flagge ein.

Er geht längsseits, wirft den Enter-
haken, kommt zu ihr an Bord,
und er wünscht sich dann, ach fänd er
grade jetzt das rechte Wort.

Doch sie sagt zu ihm: »Ach, geh'n se
runter gleich von meinem Deck!«
Darauf er: »Mein Kind, versteh'n se,
ich kann nun nicht mehr hier weg!

Hab in Ihrer Takelage
mich verheddert ganz und gar,
und ich komme trotz Courage
jetzt alleine nicht mehr klar.«

Weil sie sich nun einmal trafen,
weiß sie keinen andern Rat,
und sie schleppt in ihren Hafen
den Gelegenheitspirat!

An den Hüften beide Hände,
stellt er sich in Positur
auf das Deck und ist am Ende
nur 'ne Galionsfigur!

Vertragsrisiko

So, wie ich die Sache sehe,
ist das, was man nennt »die Ehe«,
weiter nichts als ein Vertrag,
und es schließ ihn, wer es mag!

Andre halten – sind wir ehrlich –
so etwas für zu gefährlich.
Doch ganz ohne Risiko
wird der Mensch erst recht nicht froh!

Beziehungsarten

Ich beginne – wenn's nicht stört –
mal ganz harmlos mit dem **Flirt.**
Der ist erst mal unverbindlich,
dafür aber nicht so gründlich.

Techtelmechtel, Abenteuer
sind schon ernster und oft teuer,
gehen dafür – eins, zwei, drei –
aber wieder schnell vorbei.

Da hat in 'ner **Liäson,**
man schon länger was davon.
Aufs **Verhältnis** blickt man scheel,
denn es läuft oft parallel.

Zur **Beziehung** schließlich findet,
wer schon fester sich verbindet.
Dann braucht's nur 'nen kleinen Schritt,
dass man in die **Ehe** tritt.

Der Unterschied ist meist nicht wild:
Ein Bindestrich im Klingelschild!

Kartengrüße zur Hochzeit

In diesem Kapitel finden Sie vier farbige Gückwunschkarten zum Heraustrennen und – passend zu den Motiven – Gedichte, die man auf die Karten schreiben oder ihnen beilegen kann. Natürlich können Sie dazu auch andere Gedichte verwenden, die Ihnen passend erscheinen, oder die Karten mit ungereimten Glückwünschen versehen.

Ganz in den Wolken

Der Bräutigam spricht:
Liebste, ach, ist es nicht herrlich,
unser Wolkenkuckucksheim?
Größ're Freiheit gibt es schwerlich,
und hier sind wir ganz allein,
können auf den Wolkenkissen
uns so recht von Herzen küssen.
Über uns der weite Himmel,
aufgespannt als unser Zelt,
reiten wir den Wolkenschimmel,
unten ist ganz klein die Welt.

Die Braut spricht:
Hab wohl mal gesagt, ich möcht
mit dir auf 'ner Wolke schweben,
doch hier oben wird mir schlecht,
und ich fürchte um mein Leben,
denn es sind der Wolke Ränder
nicht gesichert durch Geländer.
Stell dir vor, dass einer jetzt
runterfällt und sich verletzt!
Ich tausch gern den Himmel ein
für zwei Zimmer, Küche, Bad;
da möcht ich viel lieber sein.
Fändest du das denn so fad?
Zweifle nicht: Ich liebe dich! –
Aber doch … mehr bürgerlich!

© Urania Verlag, Stuttgart, Illustration: Nina Chen

Gedichte zu Kartenmotiven

Über dem gemeinen Volke
hoch auf seiner Liebeswolke
sitzt ein frisch getrautes Paar.
Und vielleicht denkt es sich gar,
es könnt für das ganze Leben
immerzu auf Wolken schweben.
Das wird leider niemals wahr!

Denn damit das Glück euch werde,
müsst ihr hier auf dieser Erde
euren Weg gemeinsam geh'n,
dabei fest zusammensteh'n.
Nach den Wolken dürft ihr schauen
nur von fern, wie sie am blauen
Himmel still vorüberweh'n.

• •

Im Geviert, umhegt von Rosen,
geh'n voll Eintracht diese zwei.
Haben grade sich vermählt,
und ob draußen Stürme tosen,
ist den beiden einerlei.
Denn das Einzige, was zählt:
Sie sind glücklich im Verstecke
hinter ihrer Rosenhecke.

• •

Ganz von Rosen eingerahmt,
so beginnt der Weg,
den gemeinsam ihr heut nahmt.

Doch es werden manche Strecken,
die ihr auf ihm gehen müsst,
führen auch durch Dornenhecken.

Wenn es dann ein bisschen sticht,
denkt stets frohgemut,
dass das eurer Liebe nicht
wirklich schaden tut.

• •

Ihr macht eure Hochzeitsreise
nicht auf altbekannte Weise.
Auto, Flieger oder Zug
sind für euch nicht gut genug.

Auch auf einem Luxusliner
– und wär es auch nur ein kleiner –
wollt ihr zwischen Rettungsringen
nicht den Honigmond verbringen.

Ihr wollt nicht an fernen Stränden
euer gutes Geld verschwenden.
Trinidad, Venezia,
das war alles schon mal da!

Im Herzballon

Nein, ihr segelt im Ballon
eins, zwei, drei der Welt davon;
der trägt euch – so muss es sein –
in den Ehehimmel rein.

• •

’ne Ballonfahrt, die ist lustig,
auf Ballonfahrt wollt ihr geh’n,
denn wenn zwei an einem Herzen
hängen, dann wird’s wunderschön.
Mit dem Wind, mit dem Wind
segelt in den Ehehimmel ihr geschwind!

Ein Ballon, der bleibt nicht oben,
segelt er auch noch so munter.
Auch ein roter oder kunter-
bunter Herzballon kommt runter.
Dann ist’s Zeit, seid bereit
für die weiche Landung in die Ehezeit.

Seid ihr unter seiner Hülle,
während laut die Herzen pochen,
erst einmal hervorgekrochen,
sind vorbei die Flitterwochen.
Gut gemacht! Habt’s geschafft
und den Himmel auf die Erde mitgebracht!

Unter einem Baldachin
trägt er sie und sie nicht ihn,
denn so will's der alte Brauch.
Umgekehrt ging es zwar auch,
doch siegt hier die Tradition
über Emanzipation.

• •

Herzregen

Jedes Herz, das ihr hier seht,
ist ein Wunsch, den ich euch schicke.
Dass er in Erfüllung geht,
dass er euch zu eurem Glücke
dient, das wünsche ich von allen
Wünschen, die hier niederfallen.

• •

Auf dies Brautpaar regnet's Herzen,
doch sie stören sich nicht dran.
Hat *ein* Herz man erst gefunden,
schaut man andre nicht mehr an.

• •

Hochzeitsmenü mit Einlagen

Natürlich besteht die Hochzeitsfeier nicht nur aus dem Hochzeitsessen. Vor und zwischen den einzelnen Gängen, ja selbst noch nach dem Dessert, gibt es immer wieder Einlagen: Reden und Spiele, Sketche und Vorführungen – und natürlich auch Gedichte.

Hochzeitsmenü mit Einlagen

Wir werden diese Hochzeit nicht vergessen,
denn nie zuvor hab'n wir so gut gegessen!
Auch zu trinken gibt es feine Sachen,
die uns allen sehr viel Freude machen.

Zwischendurch schiebt man zurück die Teller,
denn es kommt der nächste Selbstdarsteller,
hält 'ne Rede oder rezitiert
ein Gedicht – dass der sich nicht geniert!

Andere versuchen auch mit Singen,*
hier die Aufmerksamkeit zu erringen,
damit, was aus ihren Kehlen tönt,
heute dieses Hochzeitsfest verschönt.

Wer schon immer wollte sie erklettern,
der darf heute steh'n auf jenen Brettern,
die der Mimen Eitelkeit bedeuten,
und sich produzier'n hier vor den Leuten.

Seid nun dankbar für die Unterhaltung,
sie gehört heut zu der Festgestaltung.
Ihr dürft über alle Späße herzlich lachen
und auch über die, die sie hier machen!

** Beim Vortrag dieses Gedichts macht es einen besonderen Effekt, wenn die mit Sternchen versehene Strophe gesungen wird.*

Respektlose Sprüche zur Hochzeit

Jung gefreit ist stets das Beste,
später gibt's nur noch die Reste.

• •

Wer die Hochzeitsnacht verpennt,
dem fehlt es an Temp'rament.

• •

Wer sich zu trauen nicht getraut,
bevor er gänzlich ist ergraut,
der muss irgendwann erfahren:
Der Zug, der ist nun abgefahren!

• •

Für die Hochzeit hohe Zeit
ist es, wird zu eng das Kleid.

• •

Will man auf dem Heiratsmarkt
einen Partner sich erstehen –
eh' man ihn zu Hause parkt,
soll genau man ihn besehen.
Hat er irgendwo Defekte
– offne oder auch versteckte –
lasse man ihn lieber gehen!

Regeln für den Ehealltag

Regeln für Ehefrauen

Abteilung A: Regeln für Ehefrauen

Ihr Frauen, die sehr oft es stört,
dass nicht auf eure Rede hört
der Mann, wenn ihr ihm was erzählt
– und dass er dies auch schlecht verhehlt –,

seid nicht so streng und denkt daran:
Es ist ja wie ein Kind der Mann,
das, ganz ins Spiel mit seinen Klötzchen
versunken, sabbert auf sein Lätzchen.

Es macht allein ihn glücklich schon,
hört er nur eurer Stimme Ton,
fühlt sich dabei so recht geborgen –
und liest die Zeitung von heut Morgen.

••

Die Eifersucht auf Kegelbrüder
schlägt eine kluge Frau gleich nieder.
Sind Kegelschwestern mit im Bund,
dann gibt's schon eher einen Grund.

••

Zwar geht die Liebe durch den Magen,
so hört seit alters her man sagen.
Die kluge Frau jedoch erwäge:
Wer reichlich isst, wird reichlich träge.

Regeln für Ehemänner

Abteilung B: Regeln für Ehemänner

Ein Blumenstrauß von Zeit zu Zeit,
der fördert die Verträglichkeit.
Doch kann nach langen, blumenlosen Strecken
ein solcher Strauß auch Misstrau'n wecken.

• •

Es sei, wenn seine Gattin spricht,
stets int'ressiert des Manns Gesicht.

• •

Kommst du einmal spät nach Haus,
dann zieh dir die Schuhe aus,
dass dein Tritt den Schlaf nicht störe
deiner Frau. – Vor Schreck verlöre
sie die Ausgeglichenheit
und begänne einen Streit.

• •

Es heilt der Gattin größter Schmerz
im Zweifelsfall durch einen Nerz.

• •

Ist etwas neu an deiner Alten,
dann lobe es, ob Kleid, Frisur,
was es auch sei, doch lobe nur
das eine nicht: die neuen Falten!

Nu lass mer ma nach vorn!

Der Onkel aus Berlin hält eine Rede

Der Vortrag beginnt mit einem kleinen Tumult
in einer Ecke des Saales.
Ein Mann ist aufgestanden und will nach vorne,
eine Frau versucht, ihn zurückzuhalten.
Die erste Strophe spricht er auf dem Weg
zum Rednerpult.

Nu lass mer doch noch nach vorn, halt mer nich uff!
Wat heest »Ick rede immer Quatsch im Suff«?
Wo doch die Uschi tut sich heute hier vamähln,
will ick die Leute ooch ma wat von ihr erzähln.

Er hat das Rednerpult erreicht und fährt,
mit dem Kopf auf seine immer noch
gestikulierende Begleiterin weisend, fort:

Wat meene Erna is, die is ja nur schenant,
wenn ick wat sare – selber red se allerhand.
'n janzn Tach könn se se quatschen sehn
bei uns in Hinterhof von Nummer zehn.

Er macht eine kleine Pause und wendet sich
nun ganz dem Publikum zu.

Ick kannte schon die Braut, da war se noch janz kleen.
Seit die Jeburt hab ick ihr wachsen sehn.
Weil meine Schwesta war schon damals sehr modern,
se mochte sich nich binden an een Herrn,

so hab ick nach die Jöre ab und zu jesehn.
Am Anfang konnt se ja noch nich ma stehn.
Ick hab een Foto mal von ihr jemacht,
da liecht se uff so 'm Eisbärfell un lacht.

Ick jlaube allerdings, wenn ick det saren darf,
det war keen Eisbär, det war nur 'n Schaf.
Is ooch ejal, se war een süßet Ding,
ooch wenn der Rotz ihr aus de Neese hing.

Als se denn älta war, hat se jespielt bei uns in' Hof
mit Kreide schrieb se da uff alle Wände »doof!«.
Mit's Lernen kam se in de Schule nich so jut parat,
doch war se ziemlich helle uff ne andre Art.

Det jute Kind war nich nur blond, se war ooch scheen
un tat den Jungs im janzen Block den Kopp vadrehn.
Un als se schließlich wurde kompfirmiert,
da hatte se schon reichlich rumpoussiert.

Doch mit die Zeit, da wurden dann jediejener
die Herrn, un Uschi wurde ooch vaschwiejener.
Doch meener Erna, der macht keener da wat vor,
die hat im Treppenhaus an jede Tür een Ohr.

Die Uschi war 'n Mädel mit Kurasche,
kam alle naslang mit wat Neues an Kledasche,
mal jing mit diesen se un mal mit den.
Wat kamma machen, se war halt zu scheen.

Nischt far unjut!

Da war ooch mal so'n Dicker mit 'ner Jlatze,
der hat ihr doch det Appartmang am Bebelplatze ...,
und dann noch der – wie hießa noch?
Is ja ejal, der sitzt jetzt sowieso im Loch.

Und wejen diese Vorjeschichte sinn wer dann
ooch froh, det sie een unbescholtnen jungen Mann ...

Die Begleiterin des Mannes ist inzwischen mit
ihren Tischnachbarn in einen Disput geraten,
der immer lauter wird.
Der Redner unterbricht sich und blickt hinüber.
Die Frau ruft ihm mehrfach etwas zu.

Wat saachste Erna, ick kann jar nich dir vastehn.
Det wäre jar nich Uschi, sondern een Vasehn?
Nu hör mer uff, sach det noch mal,
wir sinn im falschen Saal?

Un Uschis Hochzeitsessen is de nächste Tür?
Nu keif nich rum, ick kann doch nischt dafür!
Ja, meinste denn, die sinn da noch mit dran?

Zum Publikum gewendet:

Denn nischt far unjut, wir jehn jetzt nach nebenan.

Im Abgehen sieht sich der Redner noch einmal um,
blickt auf die Braut, rückt seine Brille
zurecht und sagt:

Na ja, d i e Braut is ooch janz scheen!

Der Brautstrauß als Katalysator

Die Braut trägt ihren Blumenstrauß
brav von der Kirche bis zum Haus.
Hat er dann endlich seinen Zweck
erfüllt, wirft sie ihn einfach weg.

Die mit Geschick ihn fangen kann,
die wird im nächsten Jahre dann
geführt als Braut zum Traualtar
und dann, das ist wohl jedem klar,

wirft sie den Strauß – genauso auch,
ganz nach demselben alten Brauch.
So wird aus einer Hochzeit schon
ganz schnell 'ne Kettenreaktion.

Zeitmanagement

Treibe nie das Sexuelle
hastig oder auf die Schnelle.
Denn wer sich in Eile paart,
hat zwar etwas Zeit gespart,
doch die Frage ist sodann:
Was fängt mit der Zeit man an?
Sinnend sieht man hoch zur Decke
oder in die Fensterecke,
langweilt sich und denkt dabei:
»Das ging aber schnell vorbei!«

…und jetzt kommt die Ehe!

Szenen einer Ehe

Vorspiel

Es ist stets eines Liebespaars Geschichte
ein guter Stoff, daraus schreibt man Gedichte.
Wie er ihr eine Weile nachgestiegen …
und wie sich beide dann am Ende kriegen …,
das ist es doch, wovon ihr alle träumt,
weil ihr euch denkt, ihr habt vielleicht etwas versäumt.
Es wird das Auge feucht, ihr seid gerührt,
wenn er zum Traualtar die Auserwählte führt.

I.

Doch denkt bloß nicht, dass es so weitergehe!
Das war die Liebe – und jetzt kommt die Ehe.
Und mancher fragt schon nach dem Honigmond:
Hat sich die Sache dafür überhaupt gelohnt?
Die zwei geh'n abends nun nicht mehr zum Tanzen,
sie bleib'n daheim und reden über die Finanzen.
Aus ihren Wünschen werden jetzt gleich Sorgen:
»Könn' wir's uns leisten oder müssen wir was borgen?«

II.

So ändert sich allmählich Jahr für Jahr
mit den Gefühlen dann auch das Vokabular.
Schon bald heißt es anstatt: »Ich liebe *dich.*«
»Ach, weißt du, ich brauch etwas Zeit für *mich.*«
Man lernt nun neue Worte jeden Tag,
und eins davon heißt Kinderfreibetrag.
Dann ist's vorbei mit trauter Zweisamkeit,
weil jeden Augenblick das Baby wieder schreit.

Wart du nur ab!

III.

Doch wächst das Kind, dann wird es auch nicht besser.
Der kleine Nimm-mich-auf-den-Arm-Erpresser
verlangt nun nicht allein nach seiner Nahrung.
Das Kind verlangt schon bald nach mehr Erfahrung,
die sucht es sich – es ist nicht leicht erklärlich –
zumeist an Orten, wo es sehr gefährlich.
Die Eltern sind davon schon richtig krank,
und ihre Nervenenden liegen meistens blank.

IV.

Damit es später weiterkommt im Leben,
muss man das Kind dann in die Schule geben.
Dort läuft nicht alles immer wie geplant,
und das wird schriftlich bei den Eltern angemahnt.
Doch leider wächst mit der Intelligenz
auch parallel zumeist der Hang zur Renitenz.
Bis dieser dann, so in der Pubertät,
auf seinen absoluten Höhepunkt gerät.

V.

Die Kinder wohnen später dann für sich.
Sie kommen nur noch einmal wöchentlich,
weil Mama eine Waschmaschine hat
und essen sich bei der Gelegenheit auch satt.
Geh'n sie dann selbst einmal zum Traualtar,
dann fasst sich bei der Hand das Elternpaar,
man sieht sich an und jeder denkt ganz knapp:
Mein liebes Kind, wart du nur ab!

Der folgende Text wird am besten von einem Solisten oder einem kleinen Männerchor nach der bekannten Melodie des Loreley-Liedes gesungen. Der Vortrag könnte mit einem gesprochenen Einstiegstext beginnen:

»Liebes Brautpaar, sehr verehrte Festgäste,
was wir Männer an den Frauen lieben, ist – neben all ihren guten Eigenschaften – ihre Schönheit! – Kein verständiger Mann wird einer Frau Vorwürfe machen, wenn sie einen gewissen Teil ihrer Zeit damit verbringt, dieses, ihr von der Natur geschenkte Gut, zu pflegen und zu erhalten. Das herrliche Ergebnis solcher Bemühungen dürfen wir heute Abend hier bewundern. – Meine Herren, ich meine, das ist wohl einen Sonderapplaus wert! ... Vielen Dank!
Aber – wie in allen Dingen – sollte man sich auch im Dienste der Schönheit vor Übertreibungen hüten! Als mahnendes Beispiel folgt jetzt eine ebenso traurige wie moralisch erbauliche Geschichte, die Ihnen vielleicht auch ein kleines bisschen bekannt vorkommen wird.«

Die Loreley von der Autobahn

Ach, fragt nicht, was soll es bedeuten,
das Lied, das ich euch jetzt sing,
und warum ich hier vor den Leuten
erzähle, wie es mir erging.

Ich sah einst ein goldblondes Mädchen,
die hatt' es mir angetan,
im Zigarettenlädchen
gleich hinter der Eisenbahn.

Sie war ja so hold und so lieblich
und hatte 'ne tolle Figur,
denn das ist in Liedern so üblich,
da sind die Dichter ganz stur.

Nun sitzt sie auf einem Steine …

Es wär eine schöne Geschichte
geworden, wär da nicht ihr Tic:
Sie kämmt sich das Haar ins Gesichte
und dann gleich wieder zurück.

Sie kämmt sich, als ob eine Wette
geschlossen sie hätt' – jede Stund.
Sie kämmt sich sogar noch im Bette,
da wurde es mir dann zu bunt!

Ich hab sie herausgeschmissen
und warf ihr den Kamm hinterher.
Sie hätte doch wissen müssen:
Man kämmt sich einmal und nicht mehr!

Nun sitzt sie auf einem Steine
hoch über der Autobahn,
und unter ihr da kommen kleine
und große Autos gefahr'n.

Sie kämmt unablässig noch immer
das Haar sich nach vorn und zurück.
Es wird mit der Zeit immer schlimmer.
Bald ist sie richtig verrückt!

Und weil nach der Frau mit dem Kamme
die Fahrer die Köpfe dreh'n,
bekam schon mancher 'ne Schramme,
der nicht nach vorne geseh'n.

Es ist inzwischen die Stelle
in der Unfallstatistik bekannt.
»Die Frau gehört in eine Zelle!«,
so sagen die Leute im Land.

Männertreue

Der Vorwurf ist nicht mehr ganz neu:
Die Männer wär'n nicht richtig treu.

Das weise ich sogleich zurück!
Ein Mann kann ... einem Kleidungsstück,
zum Beispiel einer alten Jacke,
die Treue halten Jahr für Jahr:
Ob aus der Mode, ob mit Flecken,
das alles wird ihn nicht erschrecken.
Die Jacke ist bequem und passt
wie angegossen und sie fasst
in ihren Taschen allerlei,
was stets er gerne hat dabei.
Ihn stört nicht, dass man ihn verhöhnt,
er hat sich an das Stück gewöhnt.

Wenn dann die Frau voll Ignoranz
sagt: »Dieses Teil ist nicht mehr ganz
in Mode, außerdem verschlissen,
ich werd es aussortieren müssen,
denn es ist wirklich nicht mehr gut ...«,
dann wächst dem Mann ein Löwenmut,
dann könnt ihr seh'n, was Treue heißt:
»Was denkst du dir dabei, so dreist
mein gutes, allerbestes Stück ...
Gib meine Jacke mir zurück!«

Soll ich noch als Kontrast erwähnen,
wie treulos Frauen oft die schönen
und schicken Kleider der vergangenen Saison
behandeln? Schweigen wir davon!

Machtwort

Nicht alle Bräutigämmer
sind folgsam wie die Lämmer.
Deshalb darf man auch als Braut
manchmal deutlich sowie laut
sagen: »Das wär ja gelacht,
wie *ich* will, so wird's gemacht!«

Einmal wird das funktionieren,
aber überstrapazieren
soll man's nicht, es ist gewiss
besser stets ein Kompromiss!

PS:
Die Moral von dieser Dichtung
gilt auch in der andern Richtung!

Seid stets aufgeräumt!

Jungvermählte sollten nie
ihre ganze Energie
nur in Seelenharmonie
investieren, denn im Haus
sieht's sonst bald chaotisch aus.

Lieben und die Zeit verträumen ...,
dabei darf man nicht vergessen,
zwischendurch mal aufzuräumen –
wenn's nicht anders geht, stattdessen!

Gemeinsamkeiten?

Tierische und menschliche Liebe

Wird dein Partner einmal lyrisch,
sagt zu dir: »Ich lieb dich tierisch!«,
bitt' ihn, das zu präzisieren,
dann brauchst du nicht spekulieren:
Welche Tiere meint er gleich?
Worauf stützt sich der Vergleich?

Es gibt nicht nur Turteltauben,
und selbst diese – soll man's glauben –,
sind nicht immer nur so niedlich
und stets alle Tage friedlich.
Ja, man sah schon Federn fliegen,
wenn sich Tauben mal bekriegen.

Oder nimm als Beispiel an
einen Oberpavian,
der sich gleich nach dem Begatten
sucht 'nen schönen Platz im Schatten,
lässt sich dort, man sieht's mit Grausen,
von der nächsten Äffin lausen.

Liebe, ist sie animalisch,
kann sogar auch kannibalisch
sein; denk an das Spinnenweib,
das des Männchens ganzen Leib
sofort nach dem Hochzeitsakt
auffrisst, dass es dabei knackt.

Zwar kann man es nicht bestreiten,
dass vielleicht Gemeinsamkeiten
zwischen Tier und Mensch besteh'n,
doch die sind nicht immer schön.
Meide drum in dem Bereiche
alle tierischen Vergleiche!

An die Flitterwöchner

Ich hörte, ihr wollt in die Flitterwochen
verschwinden gleich von diesem Fest.
Wir wünschen euch, dass ihr total vergesst,
dass wir inzwischen treu und ungebrochen

die Hochzeitsfeier eifrig weiterführen.
Wir trinken, schmausen während all der Zeit,
die ihr in Flitterwochenseligkeit
im Strandhotel hinter verschloss'nen Türen

verbringt und wollen euch ganz fest versprechen:
Wir halten frei euch an der Tafel euren Platz
– und hoffen nur, es ist nicht für die Katz –,
kommt ihr zurück, dann sollt ihr weiter mit uns zechen!

Hochzeits-Limericks

Ein Bräutigam aus Kirchzarten,
der wollt mit der Hochzeit noch warten.
Die Braut aber drängte,
was ihn ziemlich kränkte,
da reiste er ab in die Staaten.

• •

Es hatte ein Brautpaar aus Hessen
den Trautermin lange vergessen.
Als endlich zur Kirche sie fanden,
da war'n schon drei Kinder vorhanden.
So hielten sie Taufe stattdessen.

• •

Es sprach ein Jüngling in Jena:
»Ich heirat nur eine, die scheena
ist als die Loren,
das sollt ihr mal seh'n!«
Heut sitzt er in Jena mit keena.

• •

Es gab auf 'ner Hochzeit in Kiel
statt Torte nur Eis am Stiel.
Die Gäste, die war'n so perplex,
dass mancher Speiseeisklecks
auf Hemden und Blusen fiel.

• •

Der Hochzeitsdichter

Eine Hochzeit ist was Schönes,
und ich denke, ich gewöhn es
mir nun an, mit meiner Leier
künftig jede Hochzeitsfeier,
soweit möglich, zu besuchen –
meist gibt's Torte oder Kuchen.
Reim ich etwas euch auf Glück,
nehm ich gleich ein großes Stück.

Nicht in Schwermut zu versinken,
muss ein Dichter etwas trinken.
Also gebt mir ein Glas Wein,
denn sonst fällt mir gar nichts ein!

Nun will ich es mal probieren,
ein Gedicht zu rezitieren …
Aber halt! Ihr müsst noch warten,
wie ich sehe wird der Braten
dampfend grad hereingebracht.
Er ist wirklich eine Pracht!

Wunderbar hat es gemundet
und ich bitte, dass ihr stundet
meinen Vortrag, denn der Magen
kann ein Schnäpschen jetzt vertragen.
Gleich danach werd ich es wagen,
mein Gedicht euch aufzusagen.

In Gesichtern rundum sehe
ich Erwartung nun, doch wehe!
Überm Trinken und dem Essen
hab die Verse ich vergessen.

Auf Flaschen gezogen

Die Ehe ist wie ein Gefäß, wie eine Flasche,
in die ihr beide ausgegossen seid,
gerät dann, zugekorkt, sogleich in rasche
Bewegung, rollt mit steigender Geschwindigkeit
auf eure Lebensbahn, wo sie gerüttelt
dann wird und ihr zwei kräftig durchgeschüttelt.

Auf diesem Weg im Ganzen und im Großen
da werdet oft ihr miteinander ringen
und oft euch aneinander stoßen,
euch ineinander mehr und mehr verschlingen
und werdet irgendwann dabei inzwischen
beginnen, miteinander euch zu mischen.

Wenn dann die Komponenten sich vereint,
so spürt ihr, dass sich's plötzlich leichter fährt,
als ihr es früher jemals habt gemeint.
Denn sind die Turbulenzen erst geklärt,
entsteht aus dem, was unvereinbar schier
erschien, ein klares homogenes Wir.

Urteilsverkündung

Liebe Hochzeitsdelinquenten,
vulgo: Bräutigam und Braut,
hört von mir jetzt euer Urteil,
aufgepasst und hergeschaut!

Dafür, dass ihr eure Freunde
schnöde habt im Stich gelassen,
wartet eine harte Strafe.
Lasst es mich zusammenfassen:

Ihr dürft künftig euch nicht trennen
und müsst beieinander stehen,
lebenslänglich – und ich wette,
auf die Nerven wird's euch gehen.

Da hier Reue nicht erkennbar,
sei es keinem mehr gestattet,
nachts ein Bett für sich zu haben,
so wie ihr es vordem hattet.

Beieinander müsst ihr liegen,
jeder in des andern Dunst.
Es begeht auf dieser Erde
niemand böse Tat umsunst.

Dieses war der Spruch der Freunde
und das Urteil ist ergangen.
Doch ihr dürft, bei guter Führung,
oft von uns Besuch empfangen.

Wer behielte all die Namen?

Alte und neue Verwandschaft

Zur Entstehung einer Ehe
braucht man, soweit ich verstehe,
eine Frau und einen Mann.
Dann muss man nicht länger warten
und kann mit Brimborium
schon die Hochzeitsfeier starten.
Doch auf dieser sieht man dann:
Um den Partner drum herum
gibt's noch den Familienclan!

Habt ihr etwa euch gedacht,
weil ihr Hochzeit heut gemacht,
dass ihr endlich nun zu zweit,
euch nur aneinander freut?
Keinem war genau bekannt,
wer zur *eigenen* Verwandt-
schaft gehört. So nebenbei
merkt man's nun – die Anzahl sei
dann multipliziert mit zwei!

In die Kirche drängen Massen
(manche stehen in den Gängen),
weil sie – Ist es denn zu fassen? –
mit euch zwei'n zusammenhängen,
und zwar rein genealogisch.
und da ist es doch ganz logisch,
dass von weither sie heut kamen.
Wer behielte all die Namen
derer, die sich nun hier drängen?

... so viele nette Leute!

All die bisher unbekannten
Onkel, Schwäger und Kusinen;
ältere und jüng're Tanten,
seh'n mit int'ressierten Mienen
auf das Brautpaar, in die Menge.
Zwar ist ihre Zahl gemindert
schon um jene, die verhindert,
trotzdem zieht sich in die Länge
das Familiengedränge.

Sitzt man endlich dann bei Tische,
talkt man small erst und dann breiter,
von den Tellern glotzen Fische
und der Wein, der löst die Zungen
– Gräten sollte man entfernen.
Das Gespräch geht dabei weiter.
Alle finden es gelungen,
dass sie sich mal kennen lernen
und sind nun schon ziemlich heiter.

Zieht das Fazit man von heute,
wie die Feier sie denn fanden?
»Ach, so viele nette Leute
gibt es einzig bei Verwandten!«

Ihr dürft immer auf uns bauen!

Ein Versprechen

Zum zusammen Glücklichsein,
da genügen zwei allein.
Doch so sehr ihr euch auch freut,
dass ihr endlich seid zu zweit,
warne ich euch vor den Dingen,
die zu zweit nicht recht gelingen.

Nehmt einmal ein Fest wie dieses,
nur zu zweit gefeiert ließ es
doch zu wünschen übrig sehr.
Und es gibt noch so viel mehr,
was, wenn ihr's zu zweit probiert,
überhaupt nicht funktioniert.

Denn nicht nur zu einem Feste
braucht man eine Anzahl Gäste.
Ist etwas zu transportieren,
muss man streichen, tapezieren,
sind sie ebenso willkommen,
und man freut sich, wenn sie kommen.

Vieles kann ein Paar alleine,
aber oft braucht es auch eine
Hilfe, die von andern kommt
und wie schön ist's, wenn dann prompt,
ohne Winden, ohne Drehen
jemand eilt euch beizustehen.

Wendet euch in allen Fragen,
auch in komplizierten Lagen,
stets an uns, seid voll Vertrauen,
ihr dürft immer auf uns bauen!
Wozu sonst hat man Bekannte,
Freunde oder auch Verwandte?

Lebensglück

Händchen halten – sind wir ehrlich –
ist in einer Ehe spärlich.
Doch womit vergeht die Zeit
in der Ehewirklichkeit?

Jeden Tag zur Arbeit laufen
und dann was zu Essen kaufen,
in der Firma nur Kabalen!
Häusle bau'n und abbezahlen!

Auszuruh'n will nicht gelingen!
Kinder in die Schule bringen,
gleich mit ihnen wieder fort,
diesmal müssen sie zum Sport.

Geld ausgeben oder sparen,
um in Urlaub dann zu fahren?
Unterdessen wird man älter,
die Gefühle werden kälter.

Denkt man später dran zurück,
nennt man es das Lebensglück.

Abschiedsspruch

Für uns ist heut nun das Ende
unseres Besuchs gekommen,
und wir wollen gleich mal sehen,
dass wir rasch nach Hause kommen.

Gut war heute einfach alles,
was wir aßen und auch tranken.
Dass wir mit euch feiern durften,
dafür woll'n wir uns bedanken.

Bei euch sein, an diesem Tage,
darauf kam's allein uns an.
Auf dem eingeschlag'nen Wege
geht voll Zuversicht voran.

Damit haben, was wir konnten,
heut zum Auftakt eurer Ehe
wir nach unsrer Kraft getan.
Dass sie gut nun weitergehe,

dazu kommt auf euch es an!

Die letzten Gäste

Als wir heute hergekommen,
haben wir uns vorgenommen,
eurer Tauung zuzuseh'n,
und so bald nicht mehr zu geh'n.

Ja, wir schlagen uns den Ranzen
voll und dann wollen wir tanzen:
Jeder einmal mit der Braut!
Dazu spielt die Musik laut.

Nur nicht auf den Stühlen bleiben,
recht viel Schabernack hier treiben,
werden wir und Lieder schmettern,
dazu auf die Tische klettern.

Braut und Bräutigam mal necken,
das woll'n tun wir bis zum Wecken.
Dass die Ehe ihr genießen
sollt, das wollen wir begießen,

und selbst, wenn wir nur noch lallen,
lassen wir noch Korken knallen,
trinken weiter und sind froh
bis zum nächsten Ultimo.

Abschied des Brautpaares

Es war eine schöne Feier,
die wir mit euch allen hatten,
und dass wir euch jetzt verlassen,
werdet ihr bestimmt gestatten.

So viel habt ihr hergetragen!
Was von euch wir heut gekriegt,
dafür woll'n wir Danke sagen,
weil uns das am Herzen liegt.

Schließlich vielen Dank auch allen,
die sich etwas ausgedacht,
uns und andre zu erfreuen,
denn das habt ihr gut gemacht.

Lasst nicht stören euch und feiert
durch bis übermorgen früh.
Dass ihr heute hergekommen,
das vergessen wir euch nie.

Ich bring nun von diesem Feste
erst die Braut in Sicherheit,
denn sie ist das Allerbeste,
für den Rest ist morg'n noch Zeit!